The Mail Pay on the Burlington Railroad

Aufstellungen über den Wagenplatz und alle Einrichtungen, die für die Regierungspost sowie für Express- und Passagierzüge in allen Personenzügen der Chicago, Burlington and Quincy Railroad eingerichtet sind

Anonym

Writat

Diese Ausgabe erschien im Jahr 2023

ISBN: 9789358810486

Herausgegeben von
Writat
E-Mail: info@writat.com

DIE POSTZAHLUNG AUF DER
Chicago, Burlington & Quincy Railroad

Das derzeitige System, nach dem die Regierung Eisenbahnen für den Posttransport einsetzt, wurde 1873, also vor 37 Jahren, eingeführt. Im Rahmen dieses Systems legt das Postamt fest, dass zwischen den genannten Städten auf jeder Eisenbahnstrecke im Land eine sogenannte „Postroute" eingerichtet werden soll. Der Kongress schreibt eine Gebührenordnung für die Zahlung pro Meile einer solchen Postroute pro Jahr vor, basierend auf dem durchschnittlichen Gewicht der Post, die täglich über die Route transportiert wird, „mit angemessener Häufigkeit und Geschwindigkeit" und gemäß „Vorschriften", die von Zeit zu Zeit vom Kongress erlassen werden Postabteilung. Hinzu kommt ein gewisser Zuschuss für die Beförderung und Nutzung von ausschließlich für den Postverkehr gebauten und betriebenen Postwagen, abhängig von deren Länge. Der jährliche Ausgabensatz aller Eisenbahnen für den Postdienst auf allen am 30. Juni 1909 in Betrieb befindlichen Strecken betrug 44.885.395,29 US-Dollar für das Postgewicht und für Postwagen 4.721.044,87 US-Dollar, wobei der sogenannte „Wagenlohn" neun und fünf US-Dollar betrug. Zehntel Prozent des Gesamtlohns. Die Zahlung nach Gewicht ist daher die eigentliche Grundlage für die Entschädigung der Eisenbahnen. Der Tarif selbst variiert jedoch je nach Postweg in einem Ausmaß, das weder wissenschaftlich noch völlig vernünftig ist. Der Tarif pro Tonne oder pro hundert Pfund auf einer Route mit geringem Gewicht ist zwanzigmal höher als der Tarif, der auf einer Route mit dem höchsten Gewicht gezahlt wird. Die Regierung nutzt daher zu ihrem eigenen Vorteil eine extreme Anwendung des Großhandelsprinzips und fordert einen niedrigen Tarif für große Sendungen, wobei sie dieses Prinzip als ungerechtfertigte Diskriminierung anprangert, wenn es zugunsten privater Verlader durch den Großhandel praktiziert wird. Die Anwendung dieses Prinzips hat zur Folge, dass die durchschnittliche Postrate Jahr für Jahr mit zunehmendem Geschäftsvolumen erheblich sinkt. Diese konstante Geschwindigkeitsreduzierung wurde von Hon. beschrieben. Wm. H. Moody (jetzt Herr Richter Moody vom Obersten Gerichtshof der Vereinigten Staaten) in seinem separaten Bericht als Mitglied der Wolcott-Kommission in der folgenden Sprache:

„Das bestehende Gesetz, das die Bezahlung der Eisenbahnpost vorschreibt, senkt automatisch den Tarif auf jeder gegebenen Strecke, wenn das Verkehrsaufkommen zunimmt. Herr Adams zeigt, dass durch die normale Wirkung dieses Gesetzes der Tarif pro Tonnenmeile 1,17 US-Dollar beträgt, wenn das durchschnittliche tägliche Gewicht der Post beträgt

beträgt 200 Pfund, und sinkt mit zunehmendem Volumen auf 6,073 Cent, wenn das durchschnittliche Tagesgewicht 300.000 Pfund beträgt."

NOTIZ. — Seit 1907 werden die Eisenbahnen zu stark ermäßigten Sätzen bezahlt. Auf den schweren Strecken beträgt der Lohn jetzt 5,54 Cent pro Tonne und Meile.

Beamte des Postamtes haben als Schlussfolgerung aus den Ergebnissen der Sonderverwiegung im Jahr 1907 bekannt gegeben, dass die durchschnittliche Transportlänge aller Postsendungen 620 Meilen beträgt.

Der Großteil der Post wird jetzt auf den Schwerlastrouten zu 5,54 Cent pro Tonne und Meile befördert, oder 34,34 Dollar pro Tonne für die durchschnittliche Beförderung, also für ein und sieben Zehntel Cent pro Pfund.

Die Eisenbahnen erhalten daher für die Beförderung des größten Teils der Post weniger als eindreiviertel Cent pro Pfund.

Die Tarifsenkung für Großhandelsmengen hat jedoch nicht dazu geführt, dass die tatsächliche Vergütung der Eisenbahnen für die Postbeförderung annähernd so stark gesunken ist wie der zunehmende Bedarf an übermäßig viel Platz für die Postverteilung unterwegs . Dieses Merkmal wurde ebenfalls von Richter Moody in seinem Bericht in der folgenden Sprache erörtert:

„Die geltend gemachte Transportregel basiert auf der Annahme, dass die Zunahme des Verkehrs die Einführung einer erhöhten Wirtschaftlichkeit ermöglicht, insbesondere einer Wirtschaftlichkeit, die dazu führt, dass Autos so beladen werden, dass das Verhältnis von Eigengewicht zu bezahlter Fracht abnimmt. Doch diese Wirtschaftlichkeit ist genau das." Was unsere Methode des Posttransports den Eisenbahnen verweigert. Anstatt zuzulassen, dass die Postwaggons, ob Wohnungs- oder Vollpostwaggons, bis zu ihrer vollen Kapazität beladen werden, fordert die Regierung, dass die Waggons leicht beladen werden, damit genügend Platz vorhanden ist für die Sortierung und Verteilung der Post unterwegs . Also statt eines Güterwaggons ein fahrendes Postamt."

Eine Veranschaulichung des Ausmaßes, in dem die Kürzungen vorgenommen wurden, wie sie sich bei einem Eisenbahnsystem zeigen, findet sich in dem Brief vom 21. Januar 1909, den Herr Ralph Peters, Präsident der Long Island Railroad, der angibt, dass sich die tatsächlichen Kosten für die Beförderung der US-Post für sein Unternehmen in diesem

Jahr auf 122.169 US-Dollar beliefen, während die von der Regierung gezahlte Gesamtvergütung für diesen Dienst 41.196 US-Dollar betrug. Herr Peters sagt:

„Die Long Island Company erhielt von der Regierung für den Postdienst in teuren Personenzügen die Hälfte des Tarifs, den sie pro Wagenmeile für Güter der durchschnittlichen Klasse in langsam fahrenden Güterzügen erhielt."

Die Long Island Company teilte der Regierung mit, dass sie es ablehnen würde, die Post mit den derzeit teuren Methoden zu befördern, es sei denn, der Kongress trifft eine angemessenere Entschädigung. Eine ähnliche Einfuhr wurde von der New York, New Haven & Hartford Railroad Company, dem wichtigsten Transportunternehmen in Neuengland, gemeldet. Ihre Position in dieser Angelegenheit wird zweifellos von anderen Straßen eingenommen werden, da bei Hunderten kleiner Eisenbahnen und Poststrecken, insbesondere in den Süd- und Weststaaten, der gleiche Zustand unzureichender Entschädigung herrscht.

Ungeachtet dieser Tatsachen hat ein mächtiges Interesse, das die öffentliche Aufmerksamkeit erregt und großen Gewinn aus dem Portosatz von einem Cent pro Pfund zieht, jahrelang fleißig und systematisch falsche Statistiken verbreitet, um die öffentliche Aufmerksamkeit von sich abzulenken Falschmeldungen über die Bezahlung der Eisenbahnpost unter der Bevölkerung verbreitet und verbreitet diese nun.

Das Ausmaß, in dem die Öffentlichkeit hinsichtlich der Bezahlung der Eisenbahnpost getäuscht wird, wird täglich offengelegt. In einer kürzlichen Anhörung vor dem Senatsausschuss für Postämter und Poststraßen sagte Senator Carter aus Montana:

„Wir bekommen alle Briefe zu diesem Thema. Ich erhielt neulich einen Brief von einer sehr intelligenten Dame aus Montana, in der sie behauptete, dass die Regierung der Northern Pacific Railway auf dieser Nebenstrecke 97.000 US-Dollar pro Jahr für die Beförderung der Post zahle. Auf Anfrage unter Dem Postamt zufolge beträgt die Gesamtvergütung der Northern Pacific Company für den Postdienst auf dieser Linie 3.070 US-Dollar pro Jahr."

Dieser Sachverhalt war für das Postamt ein ausreichender Grund, die vorliegende Reihe von Untersuchungen einzuleiten, die darauf abzielen, den von der Regierung für die Post geforderten und genutzten Platz in Personenzügen auf den Eisenbahnstrecken im Vergleich zu dem für Express- und Passagierzüge vorgesehenen Platz zu ermitteln Dienst, und die relativen Vergütungssätze in jeder Dienstklasse und der Umfang, in dem die Straßen für die Beförderung der Post die Kosten übernehmen, die ihnen für die Erbringung des Dienstes entstehen. Um diese Tatsachen angemessen zu berücksichtigen, ist es nicht notwendig zuzugeben, dass „Platz" eine bessere und praktikablere Grundlage für die Bestimmung eines angemessenen Postentgelts ist oder nicht als „Gewicht", und auch nicht zuzugeben, dass dies bei den Unternehmen der Fall ist Der Staat hat lediglich Anspruch darauf, dass ihm für die ihm erbrachte Leistung die bloßen Kosten für die Erbringung dieser Leistung vergütet werden, d. h. die Kosten für den Zugbetrieb zurückerstattet werden. Fragen der Geschwindigkeit und der bereitgestellten Einrichtungen sowie des Präferenzcharakters des Verkehrs und des außergewöhnlichen Werts des Dienstes und anderer Elemente müssen ebenso berücksichtigt werden wie Raum und Kosten, aber das ist kein Grund, warum das relative Verhältnis des genutzten Raums und der Das Verhältnis der Entschädigung zu den Kosten sollte bei der Prüfung der wichtigen Frage, was eine angemessene Postvergütung für die Eisenbahnen ist, nicht ermittelt und gebührend berücksichtigt werden.

Die folgenden Seiten basieren auf Antworten auf die Fragestellungen des Postamts und enthalten eine Darstellung des Postdienstes der Chicago, Burlington and Quincy Railroad Company, eines Systems, das sich von Chicago nach Westen in elf verschiedene Bundesstaaten erstreckt und etwa zehntausend Meilen umfasst von Haupt- und Nebenstrecken.

Als Grundlage für diese Untersuchung wurden die beiden wichtigsten Fragebogentabellen mit Datum vom 28. September 1909 von der Postbehörde verschickt.

Diese Tabellen zeigen die sorgfältige und gründliche Art und Weise, mit der die Abteilung diese Untersuchung durchgeführt hat.

Es sind einige Fragen hinsichtlich der Bedeutung und des Umfangs des Wortes „autorisiert" im Zusammenhang mit der Rückgabe des für die Post in Postautos und Wohnwagen belegten und genutzten Raums sowie in bestimmten anderen Bereichen aufgetaucht. Das Ministerium hat unter Datum vom 23. Oktober 1909 erließ ein wichtiges ergänzendes Weisungsschreiben.

Gemäß diesen Vernehmungen, Anweisungen und Anfragen hat die Burlington Company beim Ministerium die genauen und detaillierten Abrechnungen des Postdienstes auf jeder der einhundertzwei Postrouten in ihrem System, groß und klein, Zug für Zug und Auto für Auto eingereicht klein, für den Monat November 1909, die somit gefordert wurden. Diese Antworten geben den Sachverhalt wieder und geben ihn nach Möglichkeit in der vorgeschriebenen Weise wieder. Jeder Zentimeter Raum in Personenzügen und Waggons, der in diesen Tabellen als für Post, Express oder für Fahrgäste belegt oder genutzt wird, wird auf der Grundlage tatsächlich durchgeführter Messungen, Wagen für Wagen, und nicht auf Grundlage einer „Schätzung" oder „Bestand" ermittelt. Basis.

Im Anhang finden Sie vier Tabellen, die unter der Leitung und Aufsicht von Herrn DeWitt erstellt wurden und die Ergebnisse dieser Untersuchung des Postdienstes auf der Burlington enthalten, wie in diesen Aussagen offengelegt.

Bei Anlage A handelt es sich um eine Aufstellung der Wageneinrichtungen oder des Platzes, der in jedem Wagen genutzt wurde, der im Monat November für die Post und für den Expressverkehr unterwegs war oder von Passagieren belegt wurde, basierend auf den Antworten auf die im Formular 2601 vorgeschriebenen Fragen.

Bei Anlage B handelt es sich um eine für die Post bereitgestellte Aufstellung der Bahnhofseinrichtungen, erstellt auf Formular 2602.

Anlage C ist eine auf Formular 2603 erstellte Aufstellung der Einnahmen und Ausgaben sowie der Zug- und Autokilometer.

Bei Anlage D handelt es sich um eine auf Formular 2605 erstellte Aufstellung über die Anzahl, die Kosten und den Barwert der Postautos und Wohnungsautos.

DIE INTEGRITÄT DER RÜCKGABEN.

Im November 1909 belief sich der gesamte in allen Personenzügen und Waggons des Burlington-Systems erbrachte Dienst, reduziert auf die gemeinsame Basis von Autofußmeilen (d. h. jeder Fuß linearer Fläche, der eine Meile befördert wurde), auf 529.936.590 Autofuß Meilen, aufgeteilt wie folgt:

Im Personenverkehr.	E-Mails.	Äußern.
428.164.920	62.246.130	39.525.540
(80,8 %)	(11,75 %)	(7,45 %)

Das ursprüngliche Rundschreiben des Postamtes enthielt bestimmte „Anmerkungen" dahingehend, dass die Eisenbahngesellschaften bei der Meldung der Länge von Post- und Wohnwagen und des darin für die Post genutzten Platzes nur die „autorisierte" Länge oder den Platz angeben sollten. von den Beamten der Abteilung; Außerdem sollten die Eisenbahnen bei der Meldung des Platzbedarfs in Waggons für den sogenannten „Closed-Pouch-Service" für die ersten 200 Pfund oder weniger des durchschnittlichen Tagesgewichts der Posttaschen und drei Zoll einen willkürlichen Zuschlag von sechs linearen Zoll über den Wagen gewähren lineare Zoll für jedes weitere 100 Pfund.

Diese Anweisungen wurden durch das darauffolgende Rundschreiben des Ministeriums vom 23. Oktober 1909 geändert.

In diesem Schreiben wird das Unternehmen unter anderem angewiesen, „überschüssigen" Platz in Post- und Wohnwagen anzurechnen, sofern dieser tatsächlich für die Lagerung von Post genutzt wird.

Die praktischen Schwierigkeiten bei der Messung und ordnungsgemäßen Zuteilung des für die Post in Post- und anderen Waggons eines Personenzugs genutzten Raums werden besser verstanden, wenn man weiß, dass dieser Raum auf mindestens acht verschiedene Arten beschrieben wird oder beschrieben werden kann wird auf der Burlington Road tatsächlich wie folgt verwendet, nämlich:

speziell „zugelassenen" Postautos (43,03 %).

2. Platz in Wohnwagen gezielt „bestellt" (20,69 %).

3. Platzbestellung in Postautos, die anstelle von Wohnwagen betrieben werden (4,3 %).

4. Zusätzlicher Platzbedarf für die Lagerung von Postsendungen, wenn die Eisenbahngesellschaft größere Post- oder Wohnwagen betreibt, als in der Genehmigung vorgesehen ist (1,5 %).

5. Platz in Lagerwagen, der tatsächlich für Post genutzt wird (12,87 %).

6. Platz in Gepäckwagen für geschlossene Postsendungen (4,06 %).

7. Die rückwärtige Deadhead-Bewegung des Raums ist nur in eine Richtung angeordnet und erforderlich (8,35 %).

(Fünfundneunzig Prozent des gesamten „Platzes", der in diesen Erklärungen für den Burlington gezeigt wird und für die Post verwendet wird, fallen in die oben genannten sieben Klassen und sind ordnungsgemäß genehmigter Raum, über den keine Frage aufkommen kann.)

8. „Überschüssiger" Platz; das heißt, der Regierung wird in Post- und Wohnwagen mehr Platz zur Verfügung gestellt, als tatsächlich benötigt wird (5,2 %).

Diese fünf Prozent sind der einzige Teil des beanspruchten Platzes, der für E-Mails genutzt wird, zu denen Fragen gestellt werden können, die sich auf die Integrität dieser Rücksendungen auswirken.

Was ist die richtige Ansicht zu diesen fünf Prozent?

Es widerspricht offensichtlich dem Interesse der Eisenbahngesellschaft, nicht benötigten Platz für die Post bereitzustellen, und sie wird niemals einen solchen Raum bereitstellen, wenn dies vermieden werden kann. Aber die „Anforderungen" der Postabteilung sind keineswegs festgelegte und bestimmte Mengen. Es ist für eine Eisenbahngesellschaft völlig undurchführbar, ständig Waggons aller Längen vorrätig zu haben, um den Anforderungen der Beamten des Ministeriums genau gerecht zu werden.

Diese Statistiken wurden von der Postverwaltung angefordert, um genaue Vergleiche zwischen dem in Personenzügen genutzten Raum und den Einrichtungen für die drei angebotenen Dienstklassen, d. h. für Expressunternehmen und für die Regierung im Postverkehr, anstellen zu können , und für Passagiere. Der Sinn der gesamten Untersuchung ist folgender:

Trägt die Regierung zu den Kosten des Personenzugdienstes auf den Eisenbahnstrecken des Landes ihren gerechten Anteil bei, d.

Bei der Durchführung des Vergleichs muss der gesamte Wagenraum in allen Personenzügen gemessen und tabelliert werden. Dies wurde in den hier vorgelegten Tabellen gemessen und tabellarisch aufgeführt.

Ein Personenkraftwagen kann über Sitzplätze für achtzig Personen verfügen; Die durchschnittliche Last, die es trägt, kann fünfzehn Personen betragen. Aber bei der Berechnung dieser „Raumrückgabe" wird der gesamte leere Raum in diesem Auto als Fahrgastraum angerechnet. Dieses Auto kann ebenfalls nur in eine Richtung beladen und „tot" zurückgegeben werden, aber bei diesen Rückgaben wird diese Rückbewegung als Fahrgastraum angerechnet.

Gleiches gilt für den Express-Service bei diesen Retouren. Der gesamte Platz in allen Gepäck- und Expresswagen, der für die Nutzung durch das Expressunternehmen reserviert ist, wird in diesen Statistiktabellen dem Expresszug gutgeschrieben, unabhängig davon, ob tatsächlich geladener oder „überschüssiger" oder „toter" Raum ist.

Wie ist ein Vergleich möglich, wenn nicht auch der den Mails gutgeschriebene Speicherplatz in gleicher Weise erfasst wird? Wie oben erwähnt, sind nur fünf Prozent der Gesamtfläche von der Frage der „überschüssigen" Fläche betroffen, und wenn diese fünf Prozent vollständig verworfen würden, würden sich die prozentualen Ergebnisse nicht wesentlich ändern.

ERGEBNISSE AUF DER BURLINGTON ROAD.

Die Regierung kann nicht zu Recht von einer Eisenbahngesellschaft verlangen, die Post ohne Gewinn zu befördern.

Das Personenverkehrsgeschäft auf der Burlington Road wird ohne Gewinn betrieben, wenn ihm die dem Personenverkehr zuzuordnenden Ausgaben und ein angemessener Anteil der nicht ausdrücklich zuordenbaren Ausgaben sowie ein angemessener Anteil der Steuern und Kapitalgebühren in der Form belastet werden Zinsen auf Anleihen und Dividenden auf Aktien. Der Gewinn im Unternehmen stammt aus der Fracht.

Diese Tatsache gibt Anlass zu der vorliegenden Untersuchung des Postamts, um festzustellen, ob die Regierung im Verhältnis zu den Dienstleistungen und Einrichtungen, die sie von den Straßen in Personenzügen verlangt, einen angemessenen Anteil an den Einnahmen aus Personenzügen beisteuert. Wenn das Personenzuggeschäft insgesamt mit Verlust betrieben wird, sollte die Regierung fairerweise zumindest ihren Anteil am Verlust tragen.

Die Einnahmen der Burlington Company aus dem gesamten Personenzugverkehr beliefen sich im November auf 2.242.099 US-Dollar.

Die folgende Tabelle zeigt die Einnahmen aus dem Personenverkehr, aus dem Post- und Expressverkehr sowie den in den Reisezügen genutzten Raum durch die drei Verkehrszweige und den Erlösanteil der genutzten Einrichtungen:

	Verdienste.		*Autofußmeilen.*	
Passagiere	1.859.839 $	(82,95 %)	428.164.920	(80,80 %)
Äußern	187.825	(8,38 %)	39.525.540	(7,45 %)
E-Mails	194.435	(8,67 %)	62.246.130	(11,75 %)
Gesamt	2.242.099 $		529.936.590	

Diese Tabelle zeigt, dass die drei Klassen des Personenverkehrs pro 1.000 Fuß in Personenzügen genutzter Fläche wie folgt zu den Einnahmen beitrugen:

| Passagiere | 4,34 $ | 139,1 % |

Äußern	4,75 $	152,2 %
E-Mails	3,12 $	100%

Im Verhältnis zum Platzbedarf und den in Personenzügen genutzten Einrichtungen erhält die Burlington Road von den Fahrgästen 39 Prozent mehr, als die Regierung für den Posttransport zahlt, und von der Adams Express Company 52 Prozent mehr; Das heißt, das Expressgeschäft zahlt der Eisenbahngesellschaft um 52 Prozent mehr als der Staat für die Beförderung der Post.

Hätte die Regierung der Eisenbahngesellschaft für jeden in Personenzügen benötigten und genutzten Fuß Platz genauso viel gezahlt wie der Expressgesellschaft, hätte sie für November 101.233 US-Dollar mehr gezahlt, als sie tatsächlich gezahlt hat, oder eine Erhöhung des jährlichen Postentgelts um 10 % mehr als eine Million Dollar.

Es könnte von Interesse sein, dass die Steuererklärungen für das Pennsylvania System, die gerade eingereicht werden, Folgendes zeigen:

	Verdienste.	*Autofußmeilen.*
Passagiere	79,8 %	76,2 %
Äußern	12,6 %	13,7 %
E-Mails	7,6 %	10,1 %

Für jede 1.000 Fuß genutzte Personenzugfläche auf der Pennsylvania trug der Verkehr wie folgt zu den Einnahmen bei:

Passagiere	4,45 $	139 %
Äußern	3,91	122 %
E-Mails	3.20	100%

Auf der Pennsylvania ist das Passagiergeschäft für dieses Unternehmen 39 Prozent mehr wert als das Regierungspostgeschäft, und das Expressgeschäft ist 22 Prozent mehr wert als die Post, was darauf hindeutet, dass die Expresstarife im Westen relativ höher sind als im Osten, aber dass es weder im Osten noch im Westen ein lohnendes Geschäft ist, die Post zu den gegenwärtigen Tarifen zu befördern.

ZAHLT DIE REGIERUNG DEN EISENBAHN FÜR DIE BEFÖRDERUNG DER POST DIE KOSTEN FÜR DIE ARBEITEN?

Nein. Die Regierung zahlte der CB & Q. für die Beförderung der Post im November 194.435 US-Dollar bzw. 2.333.220 US-Dollar pro Jahr.

Die gesamten Betriebskosten der Straße beliefen sich in diesem Monat auf 5.452.830 US-Dollar.

Die strikt zuordenbaren Posten der Betriebskosten für Personenzüge waren wie folgt:

Transportkosten		454.208 $
Betanken Sie Passagiermotoren	132.709 $	
Gehälter für Passagieringenieure	100.511	
Gehälter für Personenzugführer	87.557	
Zugzubehör usw.	55.664	
Personenschäden	19.904	
Stationsmitarbeiter	17.160	
Gemeinsame Werften und Terminals	15.610	
Verschiedenes	25.093	
Wartung der Ausrüstung		107.626 $
Reparaturen, Pkw	67.650 $	
Abschreibungen, Pkw	39.639	
Verschiedenes	337	
Verkehrskosten		48.971 $

Werbung	17.249 $	
Externe Agenturen	16.673	
Superintendenz	10.272	
Verschiedenes	4.777	
Instandhaltung des Weges usw.		12.970 $
Gebäude und Gelände	7.053 $	
Gemeinsame Gleise usw.	4.440	
Verschiedenes	1.477	
Allgemeine Kosten		13.580 $
Gehälter, Sachbearbeiter etc.	8.994 $	
Versicherung	2.478	
Rechtskosten	1.153	
Verschiedenes	955	
Gesamt		637.355 $
Anteil Betriebsaufwand nicht zuordenbar		1.278.016 $
Gesamt		1.915.371 $

Ein großer Teil der Betriebskosten jeder Eisenbahngesellschaft, wie z. B. die Instandhaltung der Fahrbahn, Bahnhofskosten, allgemeine Bürokosten und dergleichen, fällt sowohl im Güter- als auch im Personenverkehr an, und es scheint unmöglich, sie alle genau zuzuordnen. Das Postamt erkennt in dem Rundschreiben, nach dem die Straßen berichten, diese Bedingung an und fordert, dass der „Anteil" der Ausgaben „nicht direkt zuordenbar" und die Grundlage für eine solche Aufteilung sei.

Die Aufteilung der nicht zuordenbaren Kosten auf der Burlington-Linie erfolgte auf der Grundlage der Zugkilometer.

Im Monat November betrug die Fahrleistung der Personenzüge fünfundvierzig und vier Zehntel Prozent der gesamten Zugfahrleistung, und die oben genannte Summe (1.278.016 US-Dollar) der nicht zuordenbaren Kosten beträgt fünfundvierzig und vier Zehntel Prozent der gesamten Zugfahrleistung Betriebskosten für diesen Monat, die beiden Verkehrsarten gemeinsam sind und daher keiner bestimmten zugeordnet werden können.

Diese beiden Kategorien von Passagierausgaben (zuordenbar und nicht zuordenbar) belaufen sich auf insgesamt 1.915.371 US-Dollar pro Monat oder 22.984.452 US-Dollar pro Jahr, und 11,75 Prozent dieser Summe oder 2.700.675 US-Dollar sind die jährlichen Betriebskosten der Burlington Company für den Transport der Regierung E-Mails.

Kosten für den Transport der Post	2.700.675 $
Einnahmen aus dem Posttransport	2.333.220
Verlust	367.455 $

Diese Zahlen zeigen, dass die Regierung diesem Unternehmen im Verhältnis zur erbrachten Leistung 367.455 US-Dollar weniger zahlte als die tatsächlichen Kosten für die Ausführung der Arbeiten, ohne Steuern und ohne die vom Unternehmen für seine finanzierten Schulden gezahlten Zinsen, die notwendig waren zu zahlen, um das Eigentum zu erhalten, ganz zu schweigen von einer Rendite auf das durch das Grundkapital repräsentierte Kapital.

Der korrekte Postanteil an Steuern und Zinsen für das Jahr beträgt 634.713 US-Dollar, was zusammen mit dem Verlust von 367.455 US-Dollar über den Betriebskosten einen Verlust von 1.002.168 US-Dollar ergibt:

Verlust, Betriebsausgaben über Einnahmen	367.455 $
11,75 % der Steuern und Zinsen	634.713
Jährlicher Verlust bei E-Mails	1.002.168 $

Dabei wird weder der jährliche Wert von zwei Cent pro Meile für die Beförderung von Inspektoren und Postangestellten, mit Ausnahme der für die Post zuständigen Angestellten (74.352 US-Dollar), noch der für die Post zuständigen Angestellten (746.340 US-Dollar) berücksichtigt.

Q. Road für die Regierung erbrachten Dienstleistungen haben einen anerkannten Wert von 820.692 US-Dollar pro Jahr.

Die Eisenbahngesellschaft hat gegenüber diesen Angestellten die gleiche Pflicht und rechtliche Verantwortung wie gegenüber den Fahrgästen.

Gibt es eine andere faire Möglichkeit, diese Frage zu testen?

In einem Brief vom 2. März 1910 von Hon. Frank H. Hitchcock, Generalpostmeister, an Hon. John W. Weeks, Vorsitzender des Postausschusses des Repräsentantenhauses, der hier vollständig abgedruckt ist, gibt an, dass die durchschnittlichen jährlichen Kosten für den Betrieb eines Postwagens für die Regierung für die Eisenbahnen schätzungsweise 19.710 US-Dollar betragen, einschließlich 2.049 US-Dollar für Beleuchtung. Heizung, Reparaturen usw., und dass der durchschnittliche Gesamtlohn für das Auto und seinen Inhalt, einschließlich Postwagengeld, 16.638 US-Dollar pro Jahr beträgt, was einen Verlust in diesem Dienstleistungszweig von 3.073 US-Dollar pro Auto darstellt. Im Land sind tatsächlich 1.111 vollwertige Postwagen im Einsatz, und der daraus resultierende Verlust beläuft sich daher auf insgesamt 3.414.103 US-Dollar, ganz zu schweigen von den 231 Postwagen in Reserve.

Aber das ist der kleinere Teil des Verlustes. Im Jahr 1909 waren tatsächlich 3.116 Wohnwagen mit einer durchschnittlichen Länge von 20 Fuß im Einsatz, und die Betriebskosten für jeden dieser Wagen beliefen sich nach den Zahlen von Herrn Hitchcock auf ein Drittel von 19.710 US-Dollar oder 6.570 US-Dollar.

Die durchschnittliche Transportstrecke von Wohnwagen beträgt 48 Meilen, und die durchschnittliche Zuladung in einem 20-Fuß-Wagen wird offiziell mit 607 Pfund angegeben, sodass der Tarif pro Meile auf Strecken mit einem durchschnittlichen Tagesgewicht nur 607 Pfund beträgt, also 68,40 US-Dollar pro Jahr Der durchschnittliche Gewinn beträgt daher 3.283 US-Dollar pro Jahr, ein durchschnittlicher Verlust von 3.287 US-Dollar pro Auto und ein tatsächlicher Verlust pro Jahr aus dem Betrieb der 3.116 Wohnwagen von 10.642.292 US-Dollar, ganz zu schweigen von den 639 Wohnwagen in der Reserve.

Die CB & Q. verfügt über 76 vollwertige Postwagen und 104 Wohnungswagen, und wenn man die vorstehenden Zahlen aus Herrn Hitchcocks Brief auf sie anwendet, belief sich der Verlust aus dem Betrieb dieser Wagen im Jahr 1909 auf 575.396 US-Dollar, zuzüglich 634.713 US-Dollar, dem Steueranteil der Post und Zinsen, die in die Schätzung der „Kosten" einbezogen werden müssen, an denen das Unternehmen der Regierung beteiligt sein sollte, belief sich der geschätzte Verlust des Unternehmens auf 1.210.109 US-Dollar, verglichen mit 1.002.168 US-Dollar, die sich aus der Belastung des Regierungsunternehmens mit 11,75 Prozent der Passagierkosten ergaben. Das ist ihr Anteil am Raum, der in Personenzügen genutzt wird.

Die Regierung sollte bereit sein, angemessen für das zu bezahlen, was sie von den Eisenbahnen verlangt, und sie verlangt von der CB & Q. 11,75 Prozent ihrer Personenzuganlagen. Wenn es 1909 11,75 Prozent der Kosten für den Personenzug der Straße übernommen hätte, hätte es ungefähr eine Million Dollar mehr gezahlt, als es tatsächlich gezahlt hat.

Die Regierung, die von den Eisenbahnen verlangt, dass sie zu ihren Gunsten täglich 5.100 Wanderpostämter als vollwertige Postwagen und Wohnwagen bauen und über ihre Straßen transportieren, sollte bereit sein, die tatsächlichen Kosten für den Betrieb dieser Wagen zu zahlen, die der Generalpostmeister schätzt und einen angemessenen Anteil der Steuern und Zinsen.

Wenn es diese Kosten im Jahr 1909 bezahlt hätte, hätte es der CB & Q ungefähr eine Million Dollar mehr gezahlt, als es tatsächlich gezahlt hat.

ERGEBNISSE AUF VERSCHIEDENEN E-MAIL-ROUTEN.

Bei den vorstehenden Ausführungen handelt es sich um Ergebnisberichte zum Burlington-System als Ganzes, in denen Einnahmen und Ausgaben sowie Einrichtungen aufgeführt sind, die dem staatlichen Postdienst zur Verfügung gestellt wurden.

Es könnte von Interesse sein und Aufschluss über die Situation geben, die Ergebnisse für November für mehrere separate Postrouten im System anzuzeigen, von kleinen Routen, die täglich 200 Pfund Post befördern, bis hin zu Routen, die jeweils 1.300 Pfund Post befördern. und 8.000 bzw. 20.000 Pfund täglich, bis zur schwersten Route mit 192.000 Pfund, die den Schnellpostdienst von Chicago nach Omaha abdeckt.

Die Gewichte der Expresspakete werden nicht auf separaten Postrouten gespeichert, und die Angaben zu den Expresseinnahmen für solche separaten Postrouten werden daher notwendigerweise geschätzt. Sie sind

jedoch, wie in den folgenden Tabellen angegeben, annähernd korrekt und
bestätigen die Vergleichsergebnisse für das Burlington-System Insgesamt
basieren die Ergebnisse auf genauen Zahlen sowohl für den Express- als
auch für den Post- und Passagierverkehr.

ICH.

Route 157,030, Kenesaw nach Kearney (Nebraska), 24,68 Meilen.
Durchschnittliches Tagesgewicht 216 Pfund.

	Prozentsatz der belegten Fläche.	*Prozentsatz des Einkommens.*	*Sollte auf Basis der genutzten Fläche verdient werden.*	*Habe tatsächlich verdient.*
Passagier	83,79	88,90	1.238 $	1.314 $
Post	9.37	6.02	139	89
Äußern	6,84	5.08	101	75
				1.478 $

Die Posteinnahmen auf dieser Route betragen 89 US-Dollar pro Monat
oder 3,44 US-Dollar pro Tag. Der Dienst für die Regierung wird in einem
fünfzehn Fuß langen Wohnwagen im geschlossenen Taschendienst
durchgeführt, wobei täglich außer sonntags vier Züge Post befördern, was
einer tatsächlichen Rückzahlung der Eisenbahn von dreieinhalb Cent pro
gefahrener Meile oder etwa einem Passagier entspricht Der Fahrpreis beträgt
drei Cent pro Meile, obwohl die Regierung die Verwendung eines 15-Fuß-
Autos verlangt, das als Postamt ausgestattet ist und in dem ein
Postangestellter kostenlos befördert wird. Dieses Auto muss beleuchtet,
beheizt und instand gehalten und über das Auto befördert werden Hin- und
Rückfahrt täglich, außer sonntags.

In dieser Filiale beträgt der tatsächliche Fahrgastverdienst pro Pkw 55
Cent pro Pkw-Meile.

Der Wohnwagen der Post entspricht einem Viertel eines
Personenkraftwagens, und die Post sollte auf dieser Grundlage mindestens
14 Cent pro Meile verdienen, aber für den gesamten Postdienst beträgt der

Satz 3,5 Cent pro Meile, abzüglich der Kosten für die Zustellung von Post zu und von Postämtern.

Während des Wiegezeitraums werden die Postsendungen an 90 Tagen befördert und an 90 Tagen gewogen, aber gemäß der Cortelyou-Verordnung werden diese Gesamtgewichte durch 105 geteilt und das Ergebnis wird als „Durchschnitt" bezeichnet und bildet die Grundlage für die Bezahlung auf dieser Route für vier Personen Jahre.

Für diesen Postdienst in einem fahrenden Postamt auf einer teuren Eisenbahnstrecke wird etwa ein Drittel des Tarifs pro Meile bezahlt, den die Regierung einem Landstreckenbeförderer zahlt, der durchschnittlich 25 Pfund Post befördert.

II.

Route 157.028. Odell nach Concordia, Kansas. 72 Meilen.
Durchschnittliches Tagesgewicht: 282 Pfund.

	Prozent Platz	*Prozent Gewinn*	*Sollte mit Platz verdienen*	*Habe verdient.*
Passagier	80,82	81,44	2.482 $	2.501 $
Post	11.76	9.38	361	288
Äußern	7.42	9.18	228	282
				3.071 $

Der Postverdienst beträgt 288 $ pro Monat (26 Tage) oder 11 $ pro Tag.

Für diesen Service ist ein 25-Fuß-Appartementwagen pro Strecke erforderlich, für den die Bezahlung 7,64 Cent pro gefahrener Automeile beträgt, was ungefähr dem Fahrpreis von zwei Passagieren zu drei Cent pro Meile entspricht, die einen Sitzplatz belegen dürfen.

Der Dienst dauert sechs Tage pro Woche, aber das in den sechs Tagen beförderte Gesamtgewicht wird durch sieben geteilt, um den Cortelyou-„Durchschnitt" zu erhalten, auf dem die Bezahlung basiert.

Der Lohn für ein 25-Fuß-Postamt beträgt etwas mehr als die Hälfte des Lohns pro Meile für einen Spediteur auf dem Landweg.

III.

Route 135.012. Streator nach Aurora (Abb.). 60 Meilen. Durchschnittliches Tagesgewicht: 1.303 Pfund.

	Prozent Platz	*Prozent Gewinn*	*Sollte mit Platz verdienen*	*Habe verdient.*
Passagier	72,84	85,64	4.800 $	5.643 $
Post	17.38	7.51	1.145	495
Äußern	9,78	6,85	644	451
				6.589 $

Posteinnahmen (26 Tage): 495 $ pro Monat oder 19 $ pro Tag.

Vier Züge auf dieser Straße befördern täglich Post, zwei pro Strecke, zwei in einer 25-Fuß-Postwohnung und zwei in einer 30-Fuß-Postwohnung, ein durchschnittlicher Verdienst von 7,88 Cent pro Automeile.

Die Personenkraftwagen dieser Filiale befördern durchschnittlich jeweils 24 Passagiere und verdienen 48 Cent pro Automeile. Die durchschnittlich eingerichtete Postwohnung entspricht einem halben Personenwagen.

Diese vier Wohnwagen würden zum gleichen Preis wie die Personenwagen (24 Cent pro Meile) 18.029 US-Dollar pro Jahr verdienen.

Die Einnahmen aus Personenzügen in der Niederlassung betragen 79.000 US-Dollar pro Jahr. Die Mails beanspruchen 17,38 Prozent der Einrichtungen und sollten auf dieser Grundlage für das Unternehmen 13.730 US-Dollar einbringen.

Die Posteinnahmen beliefen sich auf 5.940 US-Dollar. Dies ist die jährliche Vergütung nach einer Kürzung um neuneinhalb Prozent durch die Cortelyou-Verordnung, bei der die Summe von 90 Wägungen durch 105 geteilt werden musste, um den „Durchschnitt" zu ermitteln.

IV.

Route 164.004. Edgemont nach Billings (Wyoming). 366 Meilen. Durchschnittliches Tagesgewicht: 8.087 Pfund.

	Prozent Platz	Prozent Gewinn	Sollte mit Platz verdienen	Habe verdient.
Passagier	85,79	89,22	85.476 $	88.895 $
Post	10.43	6.18	10.392	6.156
Äußern	3,78	4,60	3.766	4.583
				99.634 $

Pro Strecke verkehren täglich zwei 60-Fuß-Postwagen.

Die Posteinnahmen betragen 6.156 US-Dollar pro Monat oder 205 US-Dollar pro Tag.

Die Gesamteinnahmen der Personenzüge auf dieser Straße betragen 1.195.000 US-Dollar pro Jahr, und die Post benötigte 10,43 Prozent der Personenzuganlagen; auf dieser Grundlage müssten sie 125.000 Dollar pro Jahr zahlen.

Diese Postautos werden jedes Jahr 534.000 Meilen transportiert. Der Generalpostmeister schätzt, dass die tatsächlichen Kosten für den Betrieb eines 60-Fuß-Postwagens für die Eisenbahnen 18 Cent pro Meile betragen. Bei diesem Satz müsste die Burlington Company nur für die Wartung der Postwagen 96.000 US-Dollar pro Jahr erhalten.

Tatsächlich werden für den gesamten Postdienst auf dieser Straße jährlich 73.872 US-Dollar bezahlt.

V.

Route 135.010. Galesburg nach Quincy (Illinois). 99,93 Meilen.
Durchschnittliches Tagesgewicht: 19.727 Pfund.

	Prozent Platz	Prozent Gewinn	Sollte mit Platz verdienen	Habe verdient.
Passagier	69,45	79,44	28.864 $	33.015 $
Post	19.70	8.45	8.187	3.511

	Prozent Platz	Prozent Gewinn	Sollte mit Platz verdienen	Habe verdient.
Äußern	10,85	12.11	4.509	5.034
				41.560 $

Posteinnahmen aus allen Quellen: 3.511 $ pro Monat oder 117 $ pro Tag.

Der Service wird täglich in drei 60-Fuß-Postwagen, zwei 16-Fuß-Apartments und einem 27-Fuß-Apartment pro Strecke durchgeführt. außerdem ein 44-Fuß-Postwagen und ein voller Lagerwagen, täglich außer sonntags, zusätzlich zu etwas Platz für geschlossene Taschen in normalen Gepäckwagen.

Der für die Post auf dieser Strecke bereitgestellte Wagenplatz entspricht zehn vollen 60-Fuß-Wagen pro Tag über die gesamte Länge der Strecke oder 365.000 Automeilen pro Jahr. Bei 18 Cent pro Meile würde der Lohn 65.700 US-Dollar betragen, während der tatsächliche Lohn nur 42.132 US-Dollar beträgt. Wenn die Regierung den Dienst im Verhältnis zu den von ihr geforderten und erhaltenen Einrichtungen bezahlen würde, würde sie 98.244 US-Dollar zahlen.

VI.

Route 135.007. Chicago nach Burlington (205 Meilen). Durchschnittliches Tagesgewicht: 192.540 Pfund.

	Prozent Platz	Prozent Gewinn	Sollte mit Platz verdienen	Habe verdient.
Passagier	73.14	74,72	210.134 $	214.671 $
Post	17.19	13.74	49.387	39.462
Äußern	9.67	11.54	27.782	33.170
				287.303 $

Auf der Grundlage des genutzten Raums und der bereitgestellten Einrichtungen für die Post erhält die Burlington Road auf dieser Strecke 119.000 US-Dollar pro Jahr zu wenig.

Zwei Drittel des Postgewichts werden in Sonderzügen befördert, die mit hoher Geschwindigkeit und ungewöhnlich hohen Kosten verkehren und für die keine gesonderte Berücksichtigung vorgesehen ist. Die Verlängerung der Route nach Omaha verläuft quer durch Iowa, wo es „Land Grant" gibt und Landzuteilungsabzüge unterliegen.

Die Regierung schenkte dem Unternehmen im Jahr 1856 Ländereien im Umfang von 358.000 Acres, die damals einen Wert von 1,25 US-Dollar pro Acre oder 447.500 US-Dollar hatten.

Die Postzahlungsabzüge aufgrund dieser Landzuteilung in Iowa belaufen sich bis zum 1. Juni 1910 auf insgesamt 1.650.000 US-Dollar und betragen weiterhin 62.000 US-Dollar pro Jahr.

Weder in den vorstehenden sechs Ergebniserklärungen zu einzelnen Postwegen noch in der allgemeinen Ergebniserklärung zur Burlington Road wurden die Kosten berücksichtigt, die dem Unternehmen durch den sogenannten „Mail Messenger Service" entstehen.

An allen Punkten, an denen das Postamt nicht mehr als eine Viertelmeile vom Bahnhof entfernt ist, muss die Eisenbahngesellschaft die gesamte Post zum und vom Postamt befördern lassen.

Welchen wichtigen Ausgabenposten dies darstellt, geht aus dem folgenden Auszug aus dem Bericht der Wolcott-Kommission hervor, in dem es heißt:

„Von den 27.000 Bahnhöfen, die per Botendienst beliefert werden, werden 7.000 vom Ministerium zu Kosten zwischen 1.000.000 und 1.100.000 US-Dollar pro Jahr bezahlt, während die anderen 20.000 Bahnhöfe von den Eisenbahnen und auf deren Kosten versorgt werden müssen."

Untersuchungen haben gezeigt, dass auf Poststrecken, wo die durchschnittliche Postgebühr der Eisenbahngesellschaft 900 US-Dollar pro Jahr beträgt, die durchschnittlichen Kosten für diesen Postkurierdienst 400 US-Dollar betragen, wobei nur 100 US-Dollar als Kosten für jeden Bahnhof berechnet werden, an dem sie diesen Dienst erbringen müssen. Es gibt Fälle, in denen das Unternehmen jedes Jahr für die Zustellung der Post zwischen Bahnhof und Postamt deutlich mehr in bar zahlt, als die Regierung für den gesamten Postdienst auf ihrer Straßenlinie zahlt. Im Expressdienst gibt es eine solche Funktion nicht.

WARUM BEFÖRDERT DIE EISENBAHN DIE POST OHNE GEWINN?

Manchmal wird die Frage gestellt, warum die Eisenbahnen die Post weiterhin befördern, wenn das Geschäft keinen Gewinn bringt. Der

Posttransport ist nicht der einzige Verkehr, den die Eisenbahnen zu Bedingungen übernehmen, die sie in den Bankrott treiben würden, wenn sie auf ihr gesamtes Geschäft angewendet würden.

Der Betrieb von Personenzügen bringt auf den meisten Eisenbahnstrecken keinen Gewinn; Das heißt, die Einnahmen aus dem gesamten Personenzugverkehr reichen nicht aus, um einen Anteil an den Betriebskosten sowie an Steuern und Abgaben für die Kapitalverwendung durch eine Zugfahrleistung oder eine Fahrleistung eines Wagens zu decken. Aber ein großer Teil dieser Kosten für die Führung des Eisenbahnbetriebs, wie Steuern, Zinsen, Instandhaltung der Fahrbahn, allgemeine Bürokosten und viele andere, würden im Wesentlichen gleich bleiben, wenn der Personenzug eingestellt würde. Da die Eisenbahn und ihre Steuern, Zinsen und Wartungskosten ohnehin zu tragen sind, kann es sich keine Eisenbahngesellschaft leisten, Einnahmen aus Personenzügen zu verweigern, die höher sind als ihre Betriebskosten. Nach dem gleichen Prinzip akzeptieren sie niedrige Tarife pro Meile als Anteil der Durchgangspassagiertarife, die, wenn sie auf alle Passagiertarife angewendet würden, einen Verlust darstellen würden. Die Straße ist da, die Züge fahren und die Waggons sind nur teilweise beladen; Die Hinzufügung von Durchgangspassagieren erhöht die Kosten möglicherweise nicht wesentlich, und die Straße ist besser dran, das Geschäft zu geringeren als den durchschnittlichen Kosten anzunehmen, als es abzulehnen. Aber was die Personenzüge verlieren, muss durch die Güterzüge ausgeglichen werden, wenn die Straße weiter betrieben werden soll.

Das ständige Ziel der Eisenbahnmanager besteht darin, von jeder Verkehrsklasse nicht nur die für diesen Verkehr spezifischen Betriebskosten, sondern einen Teil der allgemeinen Kosten sicherzustellen; Aber Geschäfte werden nicht unbedingt abgelehnt, bei denen es unmöglich ist, einen solchen Anteil sicherzustellen.

Viele der Gründe, die sie dazu veranlassen, Personenzüge ohne Gewinn zu betreiben, beziehen sich auf die Annahme der Regierungspost. Sie erleichtern das Frachtgeschäft; Es ist besser, sie ratlos zu tragen, als sie überhaupt nicht zu tragen.

Aber ist das ein Grund, warum die Regierung nicht den angemessenen Wert für das zahlen sollte, was sie erhält? Ist es eine gute Politik der Regierung, den Unternehmen die Alternative aufzuzwingen, die Post mit Verlust zu befördern oder die Beförderung überhaupt zu verweigern?

Was sind die Mails?

Dabei handelt es sich um Briefe und Pakete, die unter staatlicher Aufsicht von einem Postamt zum anderen befördert werden.

Wer vermittelt sie? Die Eisenbahn befördert neun Zehntel davon.

Die Eisenbahnen sind der Postdienst dieses Landes. Das Postamt gibt an, dass es von den Leuten, die die Post nutzen, 84 Dollar für jeweils 100 Pfund Briefe und Postkarten erhält. Wer verdient das Geld für sie? Die Eisenbahnen. Die Eisenbahnen befördern diese Briefe und Karten von Postamt zu Postamt – nicht die Regierung.

Für eine solche Dienstleistung kann sich die Regierung die Kosten leisten.

Was zahlt es?

Für den Großteil des Geschäfts erhalten die Eisenbahngesellschaften, die die Arbeit erledigen und das Geld verdienen, weniger als zwei Dollar pro Hundert. Für jedes Pfund erstklassiger Post kassiert die Regierung 84 Dollar pro Hundert.

Die Tatsache, dass der Kongress es aus Gründen der Allgemeinbildung oder aus anderen Gründen für eine gute öffentliche Ordnung hält, Zeitschriften und andere zweitklassige Güter für einen Dollar pro Hundert zu befördern, ist etwas, worüber die Eisenbahnen nichts zu tun und nichts zu sagen haben .

Der Postlohn der Eisenbahnen wurde in den letzten vier Jahren um mehr als acht Millionen Dollar pro Jahr gekürzt. Ein Teil davon wurde durch einen Beschluss des Kongresses erreicht, der größte Teil jedoch ging auf die willkürliche und illegale Anordnung von Cortelyou zurück.

Diese Kürzungen wurden vorgenommen, ohne dass den Eisenbahnen eine Anhörung gewährt wurde. Das Komitee lehnte Anhörungen ab, wodurch die Gehälter um dreieinhalb Millionen gekürzt wurden, und Minister Cortelyou erhob keinen Anspruch auf eine Anhörung, als seine autokratische Anordnung erging, die Gehälter für die Post um etwa fünf Millionen Dollar pro Jahr zu senken. Diese Anordnung war eine willkürliche, ungerechtfertigte und illegale Ausübung exekutiver Gewalt.

Die letzte den Eisenbahngesellschaften zu diesem Thema gestattete Anhörung fand von 1897 bis 1900 durch die Wolcott-Kommission statt, die sich aus angesehenen Senatoren und Repräsentanten zusammensetzte. Sie berichteten nach zweijähriger Untersuchung, dass das Postentgelt angemessen sei und nicht gekürzt werden dürfe. Auf die Frage, ob die Eisenbahnen gebeten werden sollten, die Post mit Verlust zu befördern, äußerten sie in ihrem Bericht folgende Ansichten:

„Nach Ansicht der Kommission erfordern nicht nur Gerechtigkeit und gutes Gewissen, sondern auch die Leistungsfähigkeit des Postdienstes und das Wohl des Landes, dass die Bezahlung der Eisenbahnpost einerseits so eindeutig fair und angemessen sein muss, dass andererseits ... , erhält die

Regierung eine volle *Gegenleistung* für ihre Ausgaben und die Staatskasse darf nicht einer unangemessenen Belastung ihrer Mittel ausgesetzt werden, andererseits trägt der Eisenbahnpostdienst jedoch seinen angemessenen Anteil an den ihr entstandenen Ausgaben Eisenbahnen bei der Aufrechterhaltung ihrer Organisation und ihres Geschäfts sowie beim Betrieb ihrer Postzüge.

„Die Transaktion zwischen der Regierung und den Eisenbahnen sollte und ist nach Ansicht der Kommission ein Vertragsverhältnis; es handelt sich jedoch um einen Vertrag zwischen dem Souverän und einem Untertanen, bei dem letzterer praktisch keine andere Wahl hat, als ihn anzunehmen." Bedingungen, die von ersterem formuliert und gefordert werden; und deshalb obliegt es dem Souverän, dafür zu sorgen, dass er das Subjekt nicht ungerechtfertigt ausnutzt, ihm keine ungerechtfertigte Last auferlegt, noch „einen harten Handel mit ihm führt". Die Kommission Daher ist er der Ansicht, dass die Feststellung, ob der derzeitige Eisenbahnpostlohn überhöht ist oder nicht, so weit wie möglich auf geschäftlicher Basis und im Einklang mit den Grundsätzen und Erwägungen getroffen werden sollte, die den normalen Geschäftsverkehr zwischen Privatpersonen regeln.

DER POSTWAGENPLATZ.

Bemerkenswert ist die große Glaubwürdigkeit, die der Aussage entgegengebracht wird, dass die Regierung den Eisenbahnen eine jährliche Miete für Postwagen zahlt, die den Kosten für deren Bau entspricht.

Der Staat zahlt für kein Auto eine Miete. Die Idee ist falsch und basiert auf Unwissenheit über die Zahlung des sogenannten „Post Office Pay".

Ursprünglich bestand das Postgeschäft auf Eisenbahnen aus dem Transport von Postsäcken und war im Wesentlichen ein Güterverkehr. Aber sein Charakter hat sich völlig verändert.

Das Geschäft besteht heute fast ausschließlich aus der Bereitstellung beweglicher Postämter, deren Bau und Betrieb teuer sind und deren durchschnittliches Lohngewicht etwa zwei Tonnen in vollen Postwagen und 600 Pfund in Wohnwagen beträgt.

Das Postamt wog im Oktober 1907 alle Postsendungen, die in allen Post- und Wohnwagen des Landes transportiert wurden, und es wurde festgestellt, dass das durchschnittliche Gewicht der Post auf der Burlington Road , die in einem 40-Fuß-Postwagen geladen war, weniger als 2.000 Pfund betrug ; in Fünfzig-Fuß-Autos waren es 2.500 Pfund; und in 60-Fuß-Autos waren es durchschnittlich weniger als 4.500 Pfund; in Wohnwagen waren es 607 Pfund.

Die durchschnittliche Ladung, die ein gewöhnlicher Güterwagen auf der Straße von Burlington befördert , liegt zwischen 36.000 und 40.000 Pfund. Eisenbahnen transportieren in der Regel eine Tonne bezahlter oder produktiver Fracht für jede Tonne toter oder unproduktiver Ladung. Im Regierungspostgeschäft werden für jede Tonne Zahlgewicht neunzehn Tonnen Eigengewicht befördert.

Diese Wagen sind als Postämter eingerichtet und werden zur Verteilung unterwegs eingesetzt , um die zügige Übermittlung und Zustellung von Postsendungen zu beschleunigen und zu erleichtern. Sie ersetzen weitgehend die sehr teuren Vertriebsbüros in den Städten.

Die Eisenbahnen stellten Waggons für den Güterverkehr zur Verfügung, weigerten sich jedoch, diese beweglichen Postämter mit ihren Angestellten und Utensilien ohne Bezahlung zu bauen, zu unterhalten und zu transportieren. Das ist der Lohn für Postautos, über den so viel gesagt wird.

Der Wahrheitsgehalt dieses Aspekts des Themas wird im folgenden aktuellen Brief des Generalpostmeisters deutlich zum Ausdruck gebracht:

(*Congressional Record* , 5. März 1910, 61. Kongress, Zweite Sitzung, Bd. 45, Nr. 61, Seite 2852.)

SCHREIBEN DES GENERALPOSTMEISTERS ÜBER DIE KOSTEN FÜR DIE EINRICHTUNG UND DEN BETRIEB VON EISENBAHNPOSTWAGEN.

„BÜRO DES GENERALPOSTMEISTERS ,
WASHINGTON, D.C. , 2. März 1910.

„Hon. JOHN W. WEEKS ,
Vorsitzender des Ausschusses für Postämter und Poststraßen, Repräsentantenhaus .

„ SEHR GEEHRTER HERR : Als Antwort auf Ihre Anfrage an den Zweiten Stellvertretenden Generalpostmeister bezüglich der Kosten für die Wartung und den Betrieb von Eisenbahnpostwaggons und deren Zusammenhang mit der Entschädigung, die die Eisenbahngesellschaften dafür erhalten, und auf Ihren Verweis auf die Rede Vortrag von Senator Vilas zu diesem Thema im Senat der Vereinigten Staaten am 13. Februar 1895. Ich beehre mich, Ihnen Folgendes mitzuteilen:

„Das Ministerium verfügt derzeit nicht über ausreichende Informationen zu diesem Punkt, um aus seinen eigenen Unterlagen eine verlässliche Schätzung abgeben zu können. Wie Sie wissen, haben wir kürzlich Eisenbahnunternehmen gebeten, Antworten auf Anfragen bezüglich der Kosten für den Betrieb des Postdienstes einzureichen. und wir gehen davon aus, dass wir nach Erhalt dieser Informationen in der Lage sein werden, solche Informationen bereitzustellen. Allerdings kann es für Sie von Bedeutung sein, von Zeit zu Zeit Schätzungen von anderen und unvollständigen Informationen wie uns anfertigen zu lassen derzeit habe, reiche ich Folgendes ein:

„Die Kosten für den Betrieb eines Eisenbahnpostwagens wurden unterschiedlich geschätzt (jedoch nicht offiziell vom Ministerium) und liegen zwischen 15 und 30 Cent pro Automeile. Die durchschnittliche Fahrt pro Tag eines solchen Wagens beträgt etwa 300 Meilen. Die Kosten werden auf geschätzt Bei einem Preis von 18 Cent pro Meile würden die Gesamtkosten für den Betrieb eines solchen Autos für ein Jahr 19.710 US-Dollar betragen.

„Die genauen Posten, aus denen sich diese Gesamtkosten zusammensetzen, sind der Abteilung nicht genau bekannt. Bezüglich der Kosten für Beleuchtung, Reinigung, Reparaturen usw. legte der General Superintendent des Railway Mail Service der Kommission zur Untersuchung jedoch die folgenden Schätzungen vor Postdienst im Jahr 1899, nämlich: Beleuchtung: 276 $; Heizung: 365 $; Reinigung, Wasser, Eis, Öl usw.: 365 $; Reparaturen: 350 $; Anteil der ursprünglichen Kosten des Autos (die Lebensdauer eines Autos wird auf fünfzehn Jahre geschätzt). Die ursprünglichen Kosten beliefen sich auf 6.000 US-Dollar, 400 US-Dollar, insgesamt 1.756 US-Dollar. Eine aktuelle Untersuchung ergab die folgenden ungefähren Kosten für die Wartung eines Autos zum gegenwärtigen Zeitpunkt: Beleuchtung (elektrisch) 444 US-Dollar; Heizung 150 US-Dollar; Reinigung 360 US-Dollar; Reparaturen 300 US-Dollar; Öl und Messing: 120 $; Zinsen auf den Autopreis (bei 7.500 $): 300 $; jährlicher Verschleiß (geschätzte Lebensdauer eines Autos auf zwanzig Jahre): 375 $; Gesamtwert: 2.049 $. Diese Zahlen geben die Kosten für ein Auto an, das gemäß der Richtlinie gebaut wurde Standardspezifikationen des Ministeriums. Die Kosten für moderne Stahlwaggons, die von einigen Eisenbahngesellschaften gebaut werden, liegen zwischen 14.000 und 15.000 US-Dollar.

„Die Entschädigung, die eine Eisenbahngesellschaft für den Betrieb eines Wagens und die Beförderung der Post darin erhält, würde ungefähr wie folgt betragen:

„Der Lohn für ein 60-Fuß-Wagen zu 40 US-Dollar pro Gleismeile und Jahr würde bei einer Gleisfahrleistung von 150 Meilen 6.000 US-Dollar betragen. Die durchschnittliche Ladung eines 60-Fuß-Wagens beträgt nach kürzlich erhaltenen Statistiken 2,83 Tonnen Der Tarif pro Tonne eines durchschnittlichen Tagesgewichts von 50.000 Pfund, die über die Strecke transportiert wird, beträgt 25,06 US-Dollar. Bei diesem Tarif würde das Unternehmen 10.637,97 US-Dollar pro Jahr für die durchschnittliche Ladung Post erhalten, die im Wagen befördert wird. Dieser Betrag wird zum spezifischen Tarif für die Eisenbahnpost addiert Bei einem Bürowagen (6.000 US-Dollar) belaufen sich die Gesamtkosten für das Auto und seine durchschnittliche Ladung auf 16.637,97 US-Dollar pro Jahr.

„Das Argument von Senator Vilas basierte auf der Theorie, dass die für den Eisenbahntransport allein auf der Grundlage des Gewichts der beförderten Post festgesetzten Tarife eine angemessene Entschädigung für alle erbrachten Dienstleistungen, einschließlich des Betriebs von Eisenbahnpostwagen, darstellen und dass daher Die Eisenbahngesellschaften wären verpflichtet, Postwagen im Besitz der Postbehörde zu betreiben, und zwar für die gesetzlich zulässige Entschädigung allein für das Gewicht der Post, einschließlich des Platzes und der Einrichtungen für die Wohnwagen. Eine solche Theorie wird durch die Fakten nicht gerechtfertigt, wie aus hervorgeht die folgende:

„Eine sorgfältige Durchsicht der Debatten in beiden Kammern des Kongresses, die zur Verabschiedung des vorliegenden Gesetzes zur Festlegung des Lohnsatzes für den Eisenbahntransport von Postsendungen und für Eisenbahnpostwagen führten, zeigt deutlich, dass die zusätzliche Vergütung für Eisenbahnpostwagen betrug sollte die zusätzlichen Kosten decken, die den Eisenbahngesellschaften für den Bau, die Wartung und den Transport solcher Waggons entstanden sind. Die damaligen Unternehmen bestanden darauf, dass diese Waggons, bei denen es sich praktisch um fahrende Postämter handelte, keine entgeltliche Ladung trugen und dass daher der Betrag Die gewichtsabhängige Entlohnung entschädigte sie nicht für ihren Betrieb. Dies führte zu der besonderen Verwendung für Eisenbahnpostwagen. In diesem Zusammenhang ist zu berücksichtigen, dass der Zweck des Eisenbahnpostwagens darin besteht, ausreichend Platz bereitzustellen und Einrichtungen für die Bearbeitung und Verteilung von Postsendungen unterwegs . Daher ist der Platzbedarf viel größer, als für den bloßen Transport des gleichen Postgewichts erforderlich wäre.

„In Bezug auf jeden Vorschlag für den Besitz von Postwagen durch die Regierung sollten neben den oben genannten auch andere Fakten berücksichtigt werden. Solche Wagen müssen täglich überholt, gereinigt und inspiziert werden. Dies wäre entweder mit den Eisenbahngesellschaften zu vereinbaren oder dass das Ministerium an vielen Orten im ganzen Land eigene Inspektoren, Reparaturleute und Autoreiniger beschäftigt, was wahrscheinlich teurer wäre als die Kosten, die den Eisenbahngesellschaften derzeit in dieser Hinsicht entstehen. Das wäre kaum der Fall Es wäre möglich, eine staatliche Reparaturwerkstatt einzurichten . Daher wäre das Ministerium gezwungen, die Werkstätten verschiedener Eisenbahngesellschaften im ganzen Land zu nutzen. Ohne die engste Überwachung und Aufmerksamkeit der Inspektoren der Regierung wäre es kaum zu erwarten, dass unsere Waggons dasselbe erhalten würden

Berücksichtigung in Eisenbahnwerkstätten wie denen, die den Eisenbahngesellschaften gehören. Diese Geschäfte sind häufig überfüllt, und es ist wahrscheinlich, dass den Eisenbahnwerkstätten der Vorzug gegeben würde.

„Mit freundlichen Grüßen
", FRANK H. HITCHCOCK,
„ *Postmaster-General* ."

Die Wolcott-Kommission hat das gesamte Thema Postal Car Pay sorgfältig untersucht und ihre Schlussfolgerungen zu dieser Form der Entschädigung und ihrer Angemessenheit werden in ihrem Bericht in folgender Sprache dargelegt:

„Bis verhältnismäßig kurze Zeit vor 1873 war die Verteilung der Postsendungen im Transit unbekannt. Vor den späten sechziger Jahren transportierten die Eisenbahnen lediglich die Post, die in den Postämtern zugestellt und dort verteilt wurde. Dementsprechend war „Gewicht" die Grundlage Die Höhe der Entschädigung war zum Zeitpunkt ihrer Verabschiedung und noch lange danach völlig angemessen.

„Einige Jahre lang, vor 1873, wurde die Verteilung von Postsendungen im Transit jedoch in ausreichendem Umfang praktiziert, um das Postamt und den Kongress davon zu überzeugen, dass es sich um eine wünschenswerte Neuerung und einen Zweig des Postdienstes handelte, der sehr wichtig sein sollte." Es wurde jedoch erkannt, dass, wenn die Eisenbahnen nicht nur die Post selbst transportieren, sondern auch Postämter für die Verteilung der Post beliefern, ausrüsten und befördern sollten, der bis dahin geltende Ausgleich auf Gewichtsbasis erfolgen würde war nicht völlig ausreichend und gerecht, und deshalb enthielt das Gesetz von 1873, wie bereits erwähnt, eine Bestimmung, die eine zusätzliche Entschädigung für Eisenbahnpostwagen zuließ. Anfangs waren diese Wagen meist nicht länger als 40 oder 45 Fuß und ähnlich leicht gebaut für Gepäck- und Expresswagen.

„Aufgrund der Politik des Ministeriums, von den Eisenbahnen immer bessere Einrichtungen zu fordern und jede erdenkliche Verbesserung einzuführen, ist es jedoch so weit gekommen, dass heute die Eisenbahnpostwagen, mit Ausnahme von Bei einigen veralteten Modellen, die so schnell wie möglich aus dem Sortiment genommen werden, handelt es sich um aufwändige Konstruktionen mit einem Gewicht zwischen 90.000 und 100.000 Pfund; sie sind so stark gebaut und ausgestattet, soweit sie für den beabsichtigten Zweck geeignet sind, und so teuer wie der beste Pullman und Salonwagen; Kosten zwischen 5.200 und 6.500 US-Dollar; Unterhalt kostet 2.000 US-Dollar pro Jahr; durchschnittlich 100.000 Meilen pro Jahr zurückgelegt; ausgestattet mit den allerbesten Geräten für Licht, Heizung,

Wasser und andere Annehmlichkeiten und Annehmlichkeiten; eingebaut Position für die Nutzung durch die Postbehörden zweieinhalb bis sieben Stunden vor der Abfahrt des Zuges, mit dem sie befördert werden sollen, und aufgrund des geringen Raums, der in ihnen für den eigentlichen Transport der auf dem Zug begleiteten Post zur Verfügung steht dichtere Strecken werden von Lagerwagen genutzt, für die von der Regierung keine zusätzliche Entschädigung gezahlt wird, und auf den weniger dichten Strecken wird der größte Teil der Post in den Gepäckwagen ohne zusätzliche Entschädigung für den Wagen befördert.

„Diese Waggons werden von den Eisenbahnen gemäß den Plänen und Spezifikationen des Ministeriums gebaut und ausgestattet, und die Menge der darin transportierten Post wird ausschließlich von den Postbehörden bestimmt. Aus diesen beiden Tatsachen ergibt sich, dass die Eisenbahn 100.000 Pfund transportieren muss." eines Autos, wenn das Gewicht der tatsächlich darin transportierten Post nur 3.500 bis 5.000 Pfund beträgt – oft sehr viel weniger und gelegentlich etwas mehr.

„In Anbetracht all dieser Tatsachen, wie sie in der hier eingereichten Zeugenaussage offengelegt werden, sind wir der Meinung, dass die ‚Preise, die * * * als Entschädigung für den Postautodienst gezahlt wurden', nicht überhöht sind, und empfehlen, diese nicht zu senken solange die Methoden, Bedingungen und Anforderungen des Postdienstes dieselben bleiben wie derzeit."

POSTPREISE UND EXPRESSPREISE.

Kein Merkmal dieser Frage wurde so hartnäckig falsch dargestellt wie der relative Wert des Postgeschäfts und des Expressgeschäfts für die Eisenbahnen.

Burlington Road um 52 Prozent wertvoller als die Regierungspost, allein schon aufgrund des genutzten Platzes und der in Personenzügen ausgestatteten Einrichtungen. Es gibt viele andere Überlegungen, die diese Wertungleichheit zugunsten des Expressversands vergrößern, aber auf sie wird nicht Bezug genommen, um die öffentliche Aufmerksamkeit auf die folgenden Aussagen des Generalpostmeisters in seinem jüngsten Brief zu diesem Thema zu lenken:

(*Congressional Record* , 4. März 1910, 61. Kongress, Zweite Sitzung, Bd. 45, Nr. 60, Seite 2802.)

„ BÜRO DES POSTMASTER-GENERAL
", WASHINGTON, D.C. , 31. Januar 1910.

„Hon. JOHN W. WEEKS ,
Vorsitzender des Ausschusses für Postämter und Poststraßen, Repräsentantenhaus .

„ SEHR GEEHRTER HERR : Als Antwort auf Ihre Anfrage bezüglich des Unterschieds zwischen der Dienstleistung, die Eisenbahnunternehmen der Post bei der Beförderung und Bearbeitung der Post erbringen, und der Dienstleistung, die Expressunternehmen leisten, möchte ich dies anhand der uns vorliegenden Informationen erklären In Bezug auf die für Expressunternehmen erbrachten Dienstleistungen ist der Unterschied im Wesentlichen wie folgt:

„Das Postamt verlangt von der Eisenbahngesellschaft, dass sie die Post vom Postamt überall dort abholt, wo sich das Büro im Umkreis von 80 Ruten um das Depot befindet, und das Unternehmen über einen Agenten verfügt, und in vielen Fällen den Terminaldienst unabhängig von der Entfernung zwischen den Postämtern erbringt Postamt und Bahnhof. Überall dort, wo der Terminaldienst von der Abteilung in Form von Regulierungs- oder Schirmwagendiensten übernommen wird, liefert der Auftragnehmer die Post an einem bestimmten Ort im Depot aus, und von dort aus transportieren die Eisenbahnmitarbeiter sie dorthin die Wagen, und wenn die Menge so groß ist, dass es für die Postangestellten eine Belastung darstellen würde, diese Post zu verladen und zu lagern, wird die Eisenbahngesellschaft aufgefordert, Träger zur Verfügung zu stellen, die diese Arbeit erledigen. Wo der Postbote oder Auftragnehmer direkt fahren kann zu den Waggons, er tut das. Die Expressgesellschaften transportieren ihr gesamtes Material zu den Bahnhöfen und verladen es in die Waggons, wobei sie ihre eigenen Mitarbeiter und ihre eigenen Lastwagen einsetzen.

„Die von der Postabteilung bereitgestellten Wagen und die von den Expressunternehmen bereitgestellten Wagen unterscheiden sich erheblich. Erstere werden nach den von der Abteilung bereitgestellten Spezifikationen gebaut und sind vollständig mit Briefkästen, Papierständern, Schubladen und Schließfächern für eingeschriebene Post und Vorräte ausgestattet." , und die gesamte Ausrüstung, die für die Postverteilung unterwegs erforderlich ist. Die von den Expressunternehmen bereitgestellten Wagen verfügen, wenn überhaupt, nur über eine sehr geringe Innenausstattung und ähneln eher den Wagen, die für den Gepäcktransport verwendet werden. In beiden Fällen handelte es sich um die verwendeten Wagen sind Eigentum der Eisenbahngesellschaft.

„Die Zahl der beförderten Mitarbeiter ist für die Postabteilung sehr viel größer als für die Expressunternehmen. In den Postwaggons und in Schnellpostzügen, in denen pro Zug zwei oder drei Arbeitswagen vorhanden sind, sind häufig fünf oder sechs Angestellte , die Zahl steigt auf bis zu 23. Für den Expresszug sind selten mehr als zwei Männer in einem Auto erforderlich.

„Das Postamt beansprucht ohne besondere Bezahlung so viel Platz in den Depots, wie für die Lagerung und Bearbeitung der Post im Transit erforderlich ist. Die Expressunternehmen sind verpflichtet, den Eisenbahngesellschaften für den gesamten in den Depots genutzten Platz zu bezahlen."

„Auf kleineren Linien muss für die Postsendungen, die keine Gepäcksendungen sind, eine separate Wohnung eingerichtet werden. Die Expresssendung wird normalerweise im Gepäckwagen untergebracht.

„Bei der Ankunft am Terminal kann von der Eisenbahngesellschaft verlangt werden, einen Postwagen zu entladen, wenn die Menge so groß ist, dass er für die Angestellten eine Belastung darstellt, und dafür zu sorgen, dass er in die Waggons des Auftragnehmers verladen wird; oder wenn der Terminaldienst übertragen wird Es liegt an der Eisenbahngesellschaft, dass es bei der Post abgegeben wird. Die Expressgesellschaft entlädt und erledigt ihre Sendung selbst.

„Die Eisenbahn- und Expressunternehmen setzen häufig einen gemeinsamen Mitarbeiter für die Gepäck- und Expressabfertigung ein und sparen so Hilfskosten ein. Dies ist im Zusammenhang mit der Post nur sehr selten möglich."

„Die Eisenbahngesellschaft ist für alle unterwegs befindlichen Gepäckpostsendungen verantwortlich und nimmt sie in den Waggons entgegen und liefert sie dort aus. Sie bearbeitet auch andere Postsendungen, wenn dies für den Transfer zwischen Waggons oder Zügen erforderlich ist. Sie ist für angemessene Sorgfalt bei deren Beförderung verantwortlich. Abzüge Bei Nichterfüllung vertragsgemäßer Leistungen werden Bußgelder erhoben, bei Nichterfüllung werden Bußgelder verhängt. Das Unternehmen ist verpflichtet, Aufzeichnungen über alle Beutelpostsendungen zu führen, die in den für seine Mitarbeiter zuständigen Zügen befördert und an Bahnhöfen abgefertigt werden, an denen sich mehr als ein regulärer Wechselbeutel befindet beteiligt sind und kein Sachbearbeiter für den Posttransfer vor Ort ist, und für die Erstellung und Weiterleitung von Mangelbelegen, wenn ein Beutel fällig ist und nicht eingegangen ist. Sie sind verpflichtet, monatliche eidesstattliche Erklärungen über die Leistungserbringung abzugeben. Es versteht sich, dass das Unternehmen niemals die Kontrolle über Expresssendungen übernimmt . Das Ministerium ist nicht über die Vertragsbedingungen zwischen Eisenbahn- und Expressunternehmen informiert und kann daher nicht sagen, welche Verantwortung für den Transport übernommen wird.

„Postkräne für den Postaustausch an Stellen, an denen Züge nicht halten, werden von und auf Kosten der Eisenbahngesellschaft aufgestellt und instand gehalten, wobei deren Mitarbeiter den Postsack an den Kran hängen und für das Auffangen an Stellen, an denen die Züge verkehren, einstellen müssen Das Unternehmen bietet einen Nebenservice an. Die Postfänger werden ebenfalls von ihnen bereitgestellt. Expressunternehmen bieten keine Dienstleistungen dieser Art an.

„Eine Eisenbahngesellschaft ist gesetzlich verpflichtet, die Post auf Anordnung des Generalpostmeisters in jedem Zug zu befördern, der verkehren darf, und zwar ohne zusätzliche Kosten dafür, und daher werden die Postsendungen in den schnellsten Zügen und mit großer Häufigkeit befördert." . Expresssendungen werden in der Regel nicht in den schnellen, begrenzten Personenzügen befördert, ebenso wenig wie die Häufigkeit, mit der Post befördert wird.

„In diesem Zusammenhang wird Ihre Aufmerksamkeit auf die Seiten 84 bis 94, 516, 517, 860 bis 863, Teil 1, und die Seiten 687 bis 696, Teil 2, der Aussage vor der Kongresskommission, die den Postdienst im Jahr 1900 untersuchte – Wolcott – gelenkt - Laute Kommission.

„Mit freundlichen Grüßen
", FH HITCHCOCK,
„ *Postmaster-General* ."

Die Regierung besitzt keine Eisenbahn, aber im gegenwärtigen System schreibt das Postamt den Eisenbahngesellschaften vor, in welchen Personenzügen und in welchen Waggons die Post befördert werden soll. Sie besteht auf den Raum und die Einrichtungen, die sie für die Postzustellung in den schnellsten und teuersten Zügen für notwendig hält, und verlangt, dass diese Züge ihre schnellen Fahrpläne einhalten; Dies bedeutet, dass alle anderen Züge auf der Straße umgelenkt und verzögert werden, wenn dies zur Beschleunigung der Postsendungen erforderlich ist.

Im Expressgeschäft gibt es solche Funktionen nicht.

Da die Regierung einen Vorzugsverkehr verlangt, sollte sie bereit sein, dafür mehr zu zahlen als für Express-Tarife. Tatsächlich zahlt es sich viel günstiger aus als Express-Tarife.

Der fähigste und kompetenteste Zeuge, der zu diesem Thema vor der Wolcott-Kommission erschien, war Henry S. Julier , Vizepräsident und General Manager der American Express Company, der sagte: „Ohne Frage hat die Regierung den bei weitem günstigeren Service."

Herr Julier erklärte weiter, dass sieben Pfund das durchschnittliche Gewicht von Paketen seien, die per Express verschickt würden, und dass das Sieben-Pfund- Paket das typische Express-Paket sei und dass die Einnahmen aus dem Transport solcher Pakete daher der wahre Index für die tatsächlich erhaltenen Tarife seien. Einige Eisenbahngesellschaften erhalten als Entschädigung fünfzig Prozent des Gewinns der Expressgesellschaft; die CB & Q. erhält 57,5 Prozent.

Herr Julier wurde von der Kommission aufgefordert, Erklärungen einzureichen, aus denen anhand der geltenden Tarife genau hervorgeht, welche Einnahmen die Eisenbahngesellschaft pro Zentner aus dem Expresszug im Vergleich zu den Posttarifen erzielte. Er reichte Folgendes ein:

Tabelle mit den von den Eisenbahnen erhaltenen Tarifen pro Hundertgewicht für Postsendungen und den Tarifen für Expressdienste zwischen den genannten Punkten.

Distanz.	POST. Der Tarif pro 100 Pfund ist den Eisenbahngesellschaften gemäß der letzten Verwiegung gestattet, einschließlich der Vergütung für Postautos.	ÄUSSERN. 50 Prozent des Gewinns der Expressunternehmen für vierzehn 7-Pfund-Pakete mit einem Gesamtgewicht von 100 Pfund, ergibt für die Eisenbahnunternehmen den unten angegebenen Satz pro 100 Pfund.
New York nach		
Büffel 440	1,58 $	2,80 $
Chicago 980	3,57	4,55
Omaha 1.480	5.38	5,95

Indianapolis	906	3.27	4,55
Kolumbus	761	2,49	3,85
Ost-St. Louis	1.171	4.38	4,90
Portland, ich.	347	1.33	2,80

Chicago nach

Milwaukee	85	.34	2.10
Minneapolis	421	1,83	3,85
New Orleans	922	5.27	5,95
Detroit	284	1,34	2,80
Cincinnati	306	1,20	3.15

Cincinnati zu

St. Louis	374	1,61	3.15
Chicago	306	1,20	3.15
Cleveland	263	1.26	2,80

Seit der Veröffentlichung dieser Statistiken wurden die den Eisenbahnen für die Postbeförderung gezahlten Tarife um fast ein Fünftel gesenkt.

Die Aussagen des Generalpostmeisters und die Statistiken bestätigen die Beweise dieser Ergebnisse, dass das Expressgeschäft für Eisenbahnunternehmen viel wertvoller ist als das staatliche Postgeschäft.

WW BALDWIN,
Vizepräsident .

JOHN DEWITT,
Generalpostagent

MAI 1910.

- 35 -

ANHANG.

Anlage A.

[Formular 2601.]

Im Postamt liegen einhundertzwei separate Abrechnungen vor, aus denen für den Monat November zu jeder Postroute im Burlington-System hervorgeht, wie viel Platz für Post, Express und Passagiere belegt und genutzt wurde.

Um einen Vergleich anstellen zu können, war es natürlich notwendig, jeden Platzbedarf in jedem Wagen auf eine gemeinsame Basis von Fuß zu reduzieren. Die folgende Tabelle zeigt, welche Einrichtungen in Personenzügen für die drei Verkehrsklassen tatsächlich vorhanden sind reduziert auf linearen Pkw-Fußraum:

Kilometerstand des Autos.

Post.	*Passagiere.*	*Äußern.*
62.246.130	428.164.920	39.525.540
(11,75 %)	(80,8 %)	(7,45 %)

Anlage B.

[Formular 2602.]

Für den Post- und Expressdienst eingerichtete Bahnhofseinrichtungen und der Wert anderer erbrachter Dienstleistungen.

Postkosten.

Monatliche Kosten für die Postbearbeitung an Bahnhöfen, Arbeitskosten usw.	14.241,67 $
Monatlicher Mietwert von Poststellen in Bahnhöfen	1.008,61

Monatlicher Mietwert der mit
Postautos zur Vorverteilung
belegten Gleise   157,69

Kosten für die Beleuchtung und
Heizung von Postwagen für die
Vorverteilung   114,25

Wert von 309.827 Meilen
kostenloser Transport für
Postangestellte, ausgenommen
Postangestellte, die für die Post
zuständig sind   6.196,54

Wechsel von Postautos zur
Vorverteilung   2.795,80

Insgesamt für November   24.514,56
                                          $

Das Vorstehende umfasst nicht den Mietwert der Flächen, die die Eisenbahngesellschaft der Regierung für die Abfertigung von Post und Postwagen auf Bahnsteigen sowie für die Lagerung der Post auf Bahnsteigen in großen Terminals zur Verfügung stellt. Dies ist ein umfangreicher Posten, es wurden jedoch keine Statistiken über den genutzten Platz angefordert. Auf dem Bahnsteig der Chicago Station ist eine Fläche von über 6.500 Quadratmetern ausschließlich für die Postabfertigung der Züge Burlington und Pennsylvania vorgesehen.

Darüber hinaus transportierte die Burlington Company im November in ihren Zügen Postbeamte, die für die Post der Regierung zuständig waren, insgesamt eine Strecke von 3.109.747 Meilen.

Wenn die Regierung ihren Fahrpreis mit zwei Cent pro Meile bezahlt hätte, hätte der gezahlte Betrag 62.174,94 US-Dollar betragen.

Diese der Regierung für die Post erbrachten Bahnhofseinrichtungen und sonstigen Dienstleistungen beliefen sich im November auf 86.689 US-Dollar, also auf mehr als eine Million US-Dollar pro Jahr.

Express-Kosten.

Mietwert der Flächen in   488,68
Bahnhofsgebäuden, die für den $

Expressverkehr genutzt werden
und für die keine Miete gezahlt
wird

Mietwert der Gleise, die für die
Vorverladung von Expresszügen
genutzt werden   191.11

Wert von 42.298 Meilen
kostenloser Transport für Beamte
und Mitarbeiter der Express
Company zu zwei Cent pro Meile.   885,96

                                  1.565,75
                                       $

Darüber hinaus erbrachten die Agenten und Angestellten der Eisenbahngesellschaft im Monat November an Bahnhöfen Dienste für die Expressabwicklung und auf andere Weise für die Expressgesellschaft in Höhe von 10.274 US-Dollar, die Expressgesellschaft zahlte jedoch an dieselben Personen 14.538 US-Dollar in Provisionen.

Die Express Company beteiligte sich zusätzlich zu den bereits erwähnten Provisionen auch an den Gehältern, die im November an bestimmte Gepäckträger und andere Zugbegleiter gezahlt wurden, in Höhe von 7.480 US-Dollar.

Alle Ausgabenposten für die Eisenbahngesellschaft aufgrund des Expressdienstes in Form von bereitgestellten Räumen und kostenlosem Transport für die Mitarbeiter sowie der Dienstleistungen von Bahnhofsagenten belaufen sich auf 11.840 US-Dollar, während die Barzahlungen der Expressgesellschaft an die Eisenbahngesellschaft indirekt, durch Provisionszahlungen an Bahnhofsagenten und die Gehälter der Gepäckträger beläuft sich der Betrag auf 22.018 US-Dollar, ein finanzieller Gewinn oder Einkommen aus dem Expressversand von 10.178 US-Dollar pro Monat oder in Höhe von 124.136 US-Dollar pro Jahr, verglichen mit einem hohen jährlichen Aufwand für die Post, wie gezeigt in den vorstehenden Punkten.

Anlage C.

[Formular 2603.]

Einnahmen und Ausgaben sowie Bahn- und Autokilometer.

Erlöse.

Einnahmen im November aus dem gesamten Personenverkehr (ohne Post und Express)	1.859.839 $
Quittungen von Express	187.825
Quittungen aus E-Mails	194.435
Gesamt	2.242.099 $

Kosten.

Gesamtbetriebskosten der Straße für November	5.452.830 $
Betriebskosten für Passagiere sowie ein Zwölftel der Steuern und ein Zwölftel der Zinsen auf die finanzierten Schulden	2.365.521 $

Die Passagierbetriebskosten verteilen sich wie folgt:

Zuweisbare Ausgaben.

Transportkosten	454.208 $
Betanken Sie Passagiermotoren	132.709 $
Gehälter für Passagieringenieure	100.511
Gehälter für Personenzugführer	87.557
Zugzubehör usw.	55.664
Personenschäden	19.904
Stationsmitarbeiter	17.160
Gemeinsame Werften und Terminals	15.610

Verschiedenes	25.093	
Wartung der Ausrüstung		107.626 $
Reparaturen, Pkw	67.650 $	
Abschreibungen, Pkw	39.639	
Verschiedenes	337	
Verkehrskosten		48.971 $
Werbung	17.249 $	
Externe Agenturen	16.673	
Superintendenz	10.272	
Verschiedenes	4.777	
Instandhaltung des Weges usw.		12.970 $
Gebäude und Gelände	7.053 $	
Gemeinsame Gleise usw.	4.440	
Verschiedenes	1.477	
Allgemeine Kosten		13.580 $
Gehälter, Sachbearbeiter etc.	8.994 $	
Versicherung	2.478	
Rechtskosten	1.153	
Verschiedenes	955	
Gesamt		637.355 $

Anteil der nicht zuordenbaren Aufwendungen.

	1.278.016 $
Betriebsaufwand	
Steuern und Zinsen	450.150
	1.728.166 $
Gesamt	2.365.521 $

Abbildung A zeigt, dass der gesamte Platz in allen Waggons, die im November in Personenzügen auf der Strecke Burlington verkehrten, wie folgt aufgeteilt war:

Passagiere besetzt	80,8 % der Fläche.
Post	11,75 % der Fläche.
Äußern	7,45 % der Fläche.

Hätte jede dieser drei Verkehrsklassen im Verhältnis zu der von ihr belegten Fläche Einnahmen beigesteuert und Ausgaben bezahlt, wäre das Ergebnis im Vergleichsgewinn oder -verlust für das Unternehmen wie folgt ausgefallen:

Vergleichender Gewinn und Verlust.

	Verdienste.	*Kosten.*	*Profitieren.*	*Verlust.*
Passagiere	1.859.839 $	1.911.341 $		51.502 $
Post	194.435	277.949		83.514
Äußern	187.825	176.231	11.594 $	
	2.242.099 $	2.365.521 $		

Hätte die Regierung der Burlington Company für die Beförderung der Post 11,75 % der tatsächlichen Arbeitskosten und einen Teil der Steuern und Zinsen auf die finanzierten Schulden gezahlt, hätte sie für November 83.514

US-Dollar mehr gezahlt, als gezahlt wurde , was darauf hinweist, dass die Regierung für das Jahr 1.002.168 US-Dollar weniger zahlt als die tatsächlichen fairen Kosten für die Dienstleistung, die sie erhält.

Anlage D.

[Formular 2605.]

Aufstellung der Post- und Wohnungswagen.

Postautos.

Art des Autos	Nummer im Besitz	Ursprüngliche Durchschnittskosten	Aktueller Durchschnittswert
60 Fuß oder mehr Länge	49	5.176,00 $	4.669,84 $
50 bis 59 Fuß lang	10	4.116,00	2.595,70
Weniger als 50 Fuß lang	17	2.555,00	2.094,41
Gesamt	76	4.451,00 $	3.820,84 $

Wohnungswagen.

Art des Autos	Nummer im Besitz	Ursprüngliche Durchschnittskosten	Aktueller Durchschnittswert
Autos mit Postwohnungen von 30 Fuß oder mehr Länge	27	3.888,00 $	2.112,78 $
Wagen mit Postwohnungen	21	3.660,00	2.004,95

von 25 bis 29 Fuß Länge			
Wagen mit Postwohnungen von 20 bis 24 Fuß Länge	22	3.292,00	1.810,50
Autos mit Postwohnungen von weniger als 20 Fuß Länge	31	3.106,00	1.729,35
Gesamt	104	3.460,00 $	1.901,71 $